Über den Autor

Robert Gernhardt, geboren am 13. Dezember 1937 in Reval/Estland, studierte Malerei und Germanistik in Stuttgart und Berlin. Seit 1964 lebt er als Schriftsteller, Zeichner und Maler in Frankfurt am Main. Er arbeitet als Redakteur bei «Pardon» und als Texter für Otto Waalkes. Bekannt machten ihn vor allem seine Cartoons für das «Zeitmagazin» und «Titanic» sowie die zahlreichen Buchpublikationen.

Hier spricht der Dichter

120 Bildgedichte von
Robert Gernhardt

Rowohlt

Die in diesem Buch
versammelten Bildgedichte entstanden in den Jahren
1979 bis 1985.
Sie wurden zum größeren Teil
im «Zeitmagazin» veröffentlicht («Auch die Anna sei bedankt,
sie hat sie mir abverlangt») und zum kleineren Teil
im endgültigen Satiremagazin
«Titanic».

Veröffentlicht im Rowohlt Taschenbuch Verlag GmbH,
Reinbek bei Hamburg, Dezember 1994
Copyright © 1985 by Haffmans Verlag AG, Zürich
Lithos von Cleeves Reprotechnik, Hamburg
Druck und Bindung Clausen & Bosse, Leck
Printed in Germany
1290-ISBN 3 499 13557 4

Geständnis

Flascherl Wein Flascherl Wein Wirst gar bald
geleeret sein. Denn ich brauche pro Gedicht
grad ein Flascherl und mehr nicht.

Neulich im Biergarten

Kurt im Bild
Zwei Zeichnungen zu einem Zweizeiler
von Schwitters

Beim Staatsempfang

Der unwürdige Radscha

Wie würdevoll
der Radscha blickt,
wenn er den Boy
nach Pudding
schickt:

Schon wen'ger würdig
wie er starrt,
wenn er dann
seines Puddings
harrt:

Wie würdelos
zuletzt sein Schrein:
„Hier geht er rein!
Hier geht er rein!"

Abendprogramm

Da da da

Da kommt die Katze aus dem Dunkel

Da sitzt die Katze in dem Licht

Da macht sie einen auf Nurejew

und da nicht.

Frage und Antwort

Ein Arztbesuch

Welt der Frau

Was diese Frau am Laufen hält......

Verändert nicht den Lauf der Welt.

Sie eilt, um ihren Schatz zu feiern:

's ist Herbert mit den dicken Eiern.

Chines und Has – ein Vergleich

Der Chines spielt leicht ins Gelbe

Von Chinas Hasen gilt dasselbe.

Der Chines schaut gern verschlagen

Das kann man auch vom Hasen sagen.

Der Chines, der packt kein ‚R'

Der Hase noch viel weniger.

Der Chines verzielt die Vase

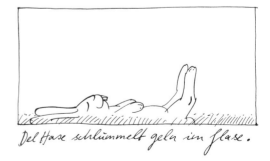

Der Hase schlummelt gern im Grase.

Jeden Herbst dasselbe

Das Buch der Bücher

Das ist das Buch
der Bücher.
Ich zeig es euch,
weil ihr es seid.
Ach was – ihr seid es
gar nicht?

Dann zeig ich's auch nicht.
Tut mir leid!

Bella Toscana

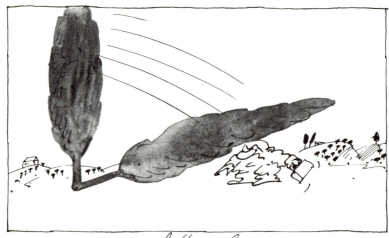

Zypressen fallen keineswegs
mir den Touristen auf den Keks –

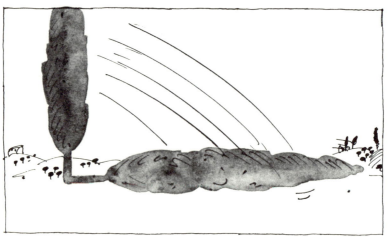

fehlt ein Tourist fällt die Zypresse
auch schon mal auf die eig'ne Fresse.

Home, sweet home

Was soll dieses laute Keifen?

Was soll dieser schrille Ton?

Tut der Sohn die Mutter greifen?

Himmel – mordet er sie schon?

Nichts da! Mutter hält die Stellung!

Sperrt den Schlingel in den Schrank.

Außer einer Schienbeinprellung

keine Schäden – Gott sei Dank!

Dichters Leid und Lust

Der Herr der Fliegen

Der Herr der Fliegen
haßt seine Wesen,
die bösen:

Verschont mich!

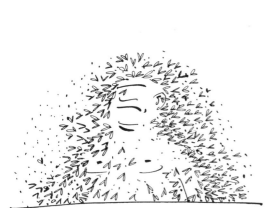

Die Fliegen dagegen
haben ihn gern,
ihren Herrn:

Es lohnt nicht!

Affentheater

Die Erscheinung

Arschgesichter-Konferenz

Arschgesichter-Konferenz!
Alle sind erschienen!
Um dem Wohl des Arschgesichts
rückhaltlos zu dienen.

Arschgesichter-Konferenz!
Schon seit sieben Tagen
diskutiert man freimütig
Arschgesichter-Fragen.

Arschgesichter-Konferenz!
Wahl des Präsidenten!
Eintracht schüttet Gräben zu,
die bisher noch trennten.

Arschgesichter-Konferenz!
Ausklang! Letzte Worte!
Prost! Und dann zerstreut man sich
in die Heimatorte.

Arschgesichter-Konferenz!
Bleibend stärkt das Eine:
Nun weiß jedes Arsch-
gesicht —
es kämpft nicht alleine.

Seine Suppe

Stirb und werde

Dem Wildschwein gehn die Borsten aus

Sie fallen all zur Erden

Schon trägt der Wind die letzte fort —;

Es will wohl Winter werden.

Warnung an alle

In der Ferne
scheint ein Licht:
Doch drauf zugehn?
Lieber nicht!

Schwarz und schweigend
steht der Wald —
nein! Nicht weiter-
gehen! Halt!

Näher rückt des
Fensters Schein —
Nicht hineinschauen,
Bitte. Nein!

Ach, daß keiner
auf mich hört!
Da! Sie hab'n
den Papst gestört:

Waschbärs Ende

Der Waschbär gräbt sein eignes Grab —

doch macht er schon vorm Sterben schlapp.

Feuer und Flamme

Es ist der Hahn in
Lieb' entbrannt

So feurig gleich zum
Huhn gerannt

Da fiel er auf die
Goschen —;

Schon war der Brand
erloschen.

Ist doch wahr!

Starkes Stück

Die Leute starren wie gebannt

Nie ist ein Zwerg so rumgerannt

Wie Erwin alias „Zipfel".

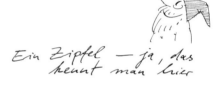

Ein Zipfel — ja, das nennt man hier

Doch Erwin trägt der Zipfel weiter —:

das ist ja wohl der Gipfel!

Es ist ein Maus entsprungen

Die Katze träumt vom Weihnachtsfest,
wogegen sich nichts sagen läßt,
enthielte nicht ihr Weihnachtstraum
auch diesen Katzenweihnachtsbaum:

Das Schweigen

Balin, Balin

So kann es gehen

Herr!

Bitte um Verständnis

Ach, Krokodile sind zumeist sensibler als sie scheinen

Läuft was nicht, wie es laufen soll,

beginnen sie zu weinen

zu weinen

ganz hemmungslos zu weinen.

Doch das Leben geht weiter...
War wohl mal wieder nichts mit den Abrüstungsverhandlungen! Das nächste Mal klappts sicher!

Volksmund

Spinne am Morgen

bringt Kummer und Sorgen.

Spinne am Abend

erquickend und labend.

Mann, oh Mann!

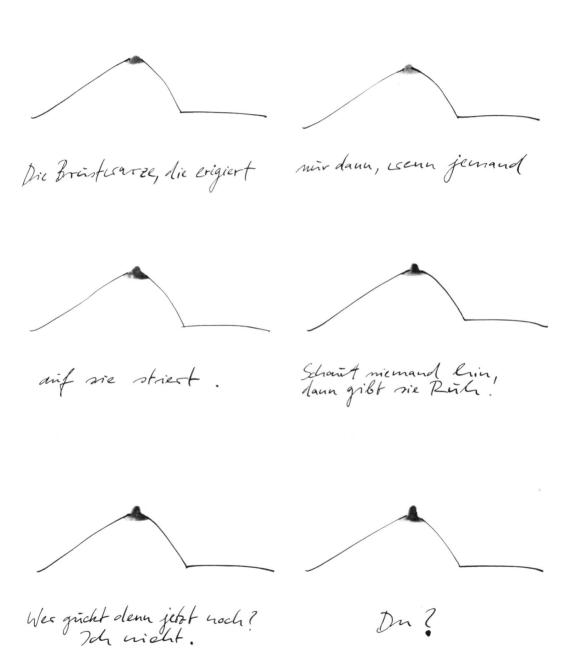

40

Aber Herr Hefel!

41

Ahnung und Gegenwart

Eine Ahnung
treibt dich nachhaus

Du denkst:
Nun ist alles aus

Du siehst:
Noch ist alles da,
und du schreist

Das ist
es ja!

Rezensentenschelte

43

Die Trinker
Versuch einer Typologie

Der hat ein Glas zu viel getrunken,

der hat sich einen auf die Nase gegossen,

der hat mehr als ein Bierchen sichergestellt,

der hat einen im Tee.

Der hat dem Wein allzu sehr zugesprochen,

der hat sich einen hinter die Binde gekippt,

der hat zu tief ins Glas geschaut,

der hat mächtig einen in der Krone.

Aber der! Der säuft ja wie ein Schwein!

Mopsens Machtwort

Nein, diese Knechte!

Grenzen der Kunst

Alles über Herrn Hefel

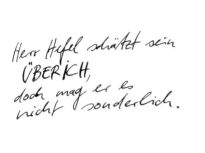

Herr Hefel schätzt sein ÜBERICH, doch mag er es nicht sonderlich.

Sein ES dagegen mag er sehr, doch schätzt er es weit weniger.

Gottlob ist da zuguterletzt noch einer, den er mag und schätzt.

Sein Name? Namen gibt's zuhauf... Nein, tut mir leid, ICH komm nicht drauf.

Lied ohne Worte
San Francesco predigt dem Wolf von Gubbio

Toi toi toi

Heute starb der Ferdinand

morgen stirbt Klaus Peter

übermorgen trifft es Max

nur ich sterbe später.

Frommer Wunsch

Ein Ratschlag

Halt! Schießt nicht auf den Stacheldrachen

er wird das Blei und euch verlachen!

Was ist der Mensch?

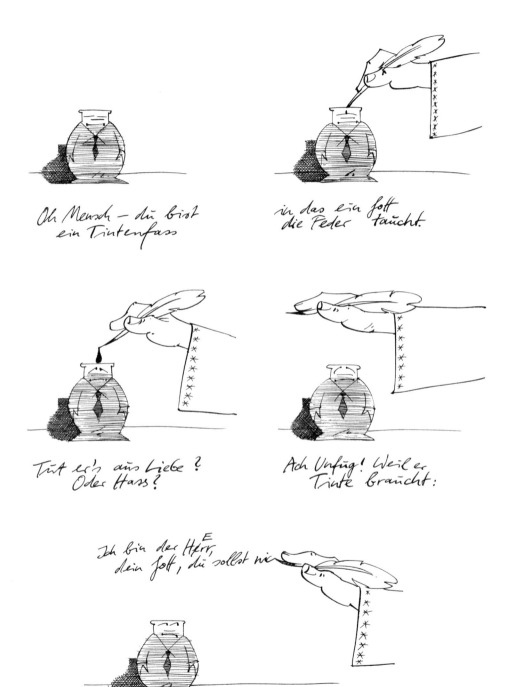

Wie das berühmte Raupenbild entstand

Reim und Wirklichkeit

Franz im Pech

Der Teller ist mit Wein gefüllt...

...im Glase liegt der Braten —:

Wie froh war Franz zum Mahl geeilt...

...wie sehr ist es mißraten!

Weisheit des Westens

Der Weise spricht:
Ich bin allein

Ich bin allein
mit meinem Schwein...

mit meinem Schwein
und meinem Hund...

allein mit diesen
beiden und...

mit meiner Riesenfreundesschar,
die unterm Tisch verborgen war.

Die erste Dienerin ihres Volkes

Fürs Poesiealbum

Pferdchen läuft so ungestüm,
daß die Funken stieben.
Wären wir doch ebenso,
im Leben wie im Lieben.

Null Null Siebens letzter Auftrag

Der Werwolf

Bei Betrachtung eines Vandalenlagers

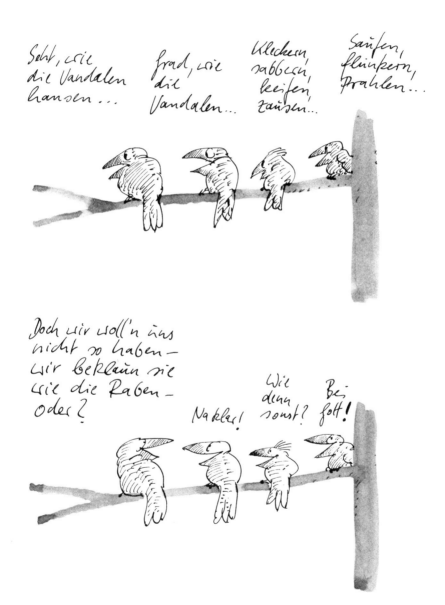

Strandbegegnung

Schweinchens Problem

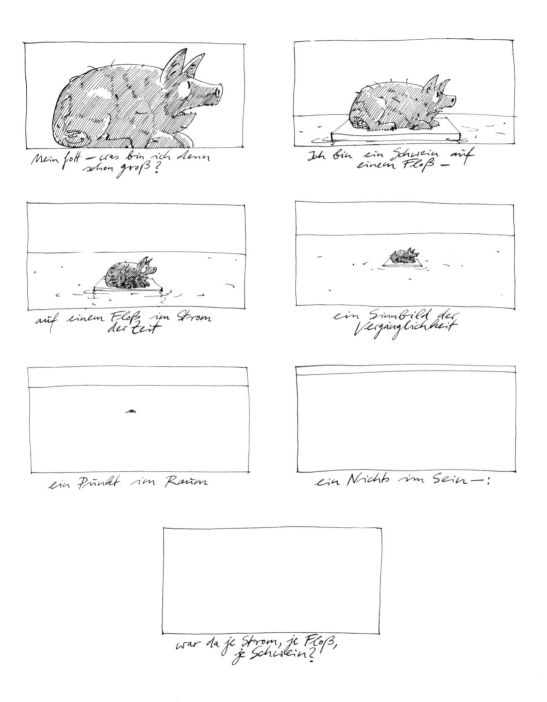

Hokuspokus

Ein Mißverständnis

Na bitte!

Hört ihr, wie die Robbe klagt?

Hört ihr, wie die Robbe klagt?

Der Ernst des Lebens

Die Hose sank

die Hose fiel

noch hielt ich alles für ein Spiel —

doch dann sein Fleh'n

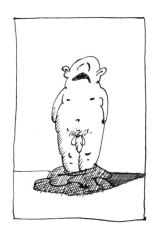

doch dann sein Schrei'n

Kann mir wohl wer 'nen Gürtel leihn?

Peinlich, peinlich, Herr Direktor!

Ich kenn Sie doch, ich kenn Sie doch: Sie sind Direktor Steinmann!

Und was auf Ihrem Teller liegt ist immer noch mein Bein, Mann.

Den Vereinigten Staaten
Bilder zu Versen von Johann Wolfgang Goethe

Im «Kachelstübchen» 22 Uhr 30 – eine Bestandsaufnahme

Was diese Herrn zur Theke treibt?
Dies: sie sind alle unbeweibt.

Aus welchem Grund sind die hier blau?
Da gab es einmal eine Frau...

Und was verbindet diese Penner?
Das: es sind alles Ehemänner.

Nu ma ehrlich!

Wüchse dein Hut —

wär das nicht schön?

Tät' es nicht gut,

dich nicht zu sehn?

Memento mori

Immer dasselbe

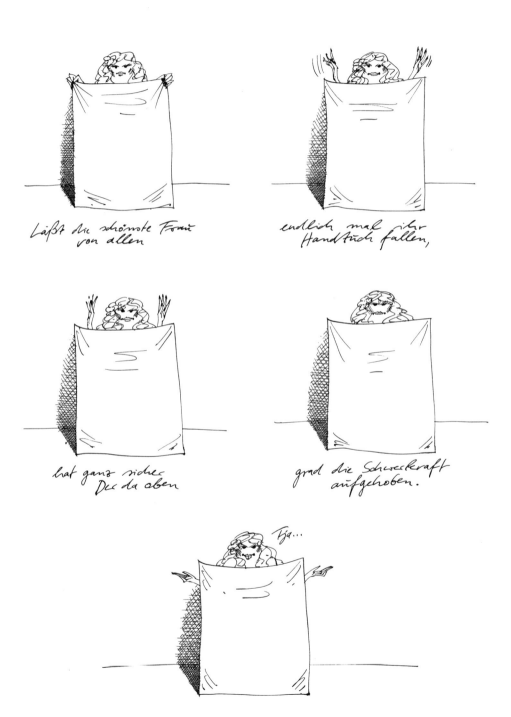

Dämon Durst

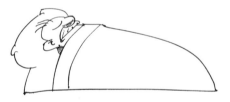

geht gradewegs zum Kühlschrank und holt sich noch ein Bier:

Doch fragt man ihn, weshalb er denn so dämonisch säuft, dann zeigt er auf Herrn Hefel:

Weil sonst mit dem nichts läuft!

Geschichte vom Strich

Katz und Maus

Die Katze sprach zur Maus:
„Nun ist dein Leben aus!"

Da sprach die Maus zur Katze:
„Ein Wort noch – und ich kratze!"

Die Vögel

Auf meinen Korkenzierlocken
oft äußerst dreiste Vögel hocken.

Die freilich peinlich rasch verschwinden,
falls sie noch schön're Locken finden!

Mein Gott, sind die gleich von den Socken,
sobald sie schön're Locken locken!

Neujahrsballade

Dort, in des Waldes tiefstem Grund

lebt Fridolin, der Schweinehund.

Ein Jahr lang treibt er's fürchterlich

doch Neujahr, da besinnt er sich.

Frühmorgens, wenn die Hähne krähn

sieht man ihn stracks zur Beichte gehn.

Und nach so sechs bis sieben Wochen

kommt er geknickt zurückgekrochen.

Dann freilich geht es wieder rund —

dort, in des Waldes tiefstem Grund.

Die gelbe Gefahr

Die Katze und das All

Die Katze schaut ins All.

Das All ist nicht ihr Fall.

Es ist zwar weit und groß

doch völlig leberlos.

Der Stein der Weisen

Toll!

Verfolgt die Welt

mich auch mit Spott

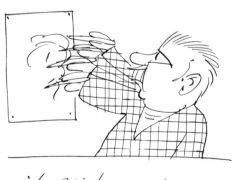

ich zeichne wie

ein junger Gott.
(Also wie ein drei- bis
vierjähriger bestimmt!)

Letzte Fragen

Ist doch wahr!

Das Schaf ist voller Wolle

wenn man sie ihm nicht nimmt –
dann steht es da und schnattert:

Das stimmt
das stimmt
das stimmt!

Er und wir

Backstein-Ede trägt den Backstein einfach mitten im Gesicht.

Ha! Da sind wir doch gescheiter —:

Unsern Backstein sieht man nicht.

Alles über den Strich

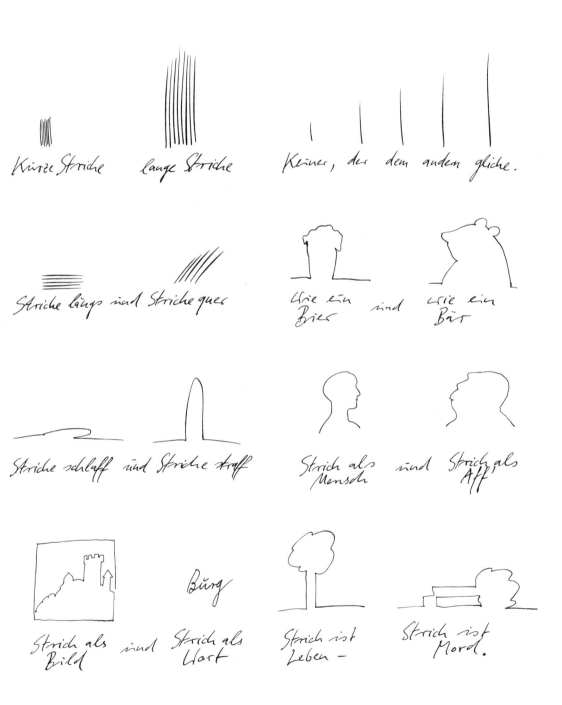

Der Befehl

Leider nicht auf der Messe: Dieses Buch

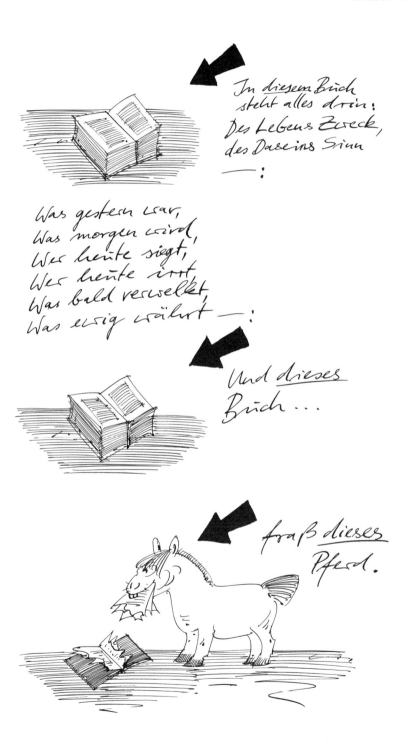

Beispiel Biber

Alles über das Leben

Es ist des Menschen Leben

dem Seiltanz zu vergleichen

dem Seiltanz eines Blinden, der —

doch das muß erstmal reichen.

Herr Hefel persönlich

Polare Probleme

Karl-Heinz, der Königspinguin

hat niemals seiner Frau verziehn,

daß sie es mit Ernst Eisbär trieb,

was nicht ganz ohne Folgen blieb.

Heiner

Tiefsee-Distichon

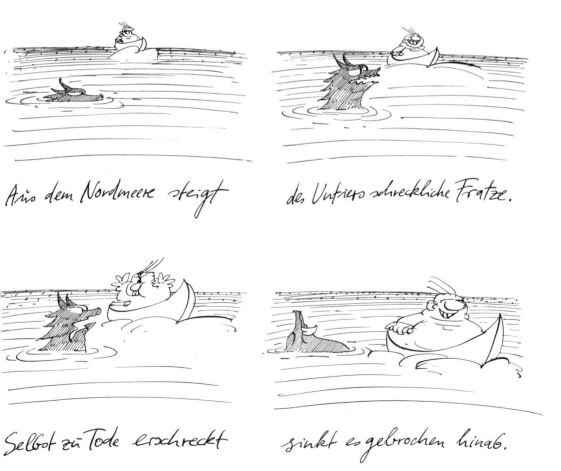

Die Zeit

Alles hat seine Zeit:

Schlafen hat seine Zeit

Wachen hat seine Zeit

Trauern hat seine Zeit

Lachen hat seine Zeit

Essen hat seine Zeit

Trinken hat seine Zeit

Steigen hat seine Zeit

Sinken hat seine Zeit.

Casanova 85

Ach darum!

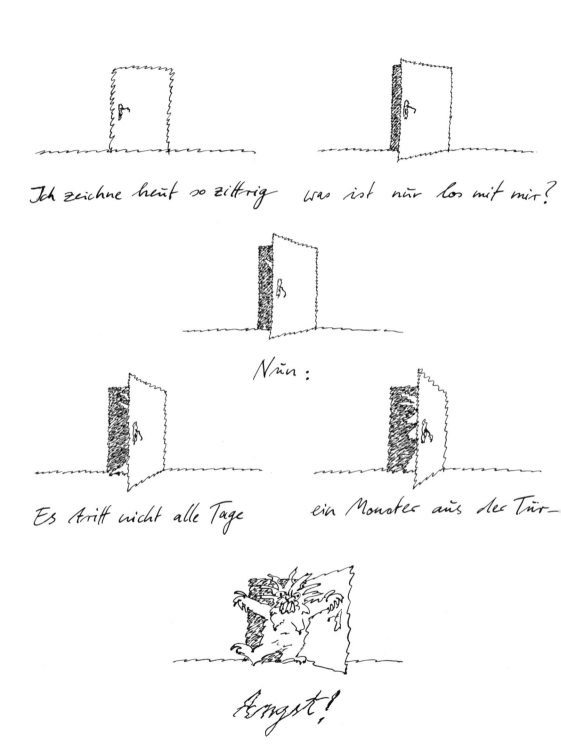

100

Magritte am Meer

Magritte, der malt das Meer.

Viel gibt so'n Meer nicht her.

Doch da! Das schaut schon besser aus!

Stolz trägt Magritte sein Bild nachhaus.

Ein Männerleben

Ein peinlicher Vorfall bei der Dichter-Beutel-Lesung

Froschmann, wohin?

Hallo Frösche!
Hallo Leute!

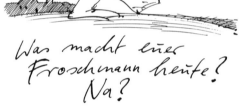

Was macht ein Froschmann heute? Na?

(Er tut sich zu der Froschfrau schleichen

denn die ist – unter uns – am Laichen. Tja...)

Conditio humana

Hefels Welt

Sucher auch sie

Auch Salamander suchen fott.
Nicht wie wir Menschen. Anders.
Ach lacht nicht! Schweigt!
Was wißt ihr denn
vom fott des Salamanders?

Kamerad Tier

Der Bär, der die Frau Bär beschläft,

der Fuchs, der froh die Füchsin geigt,

der Ganter, der die Gans vernascht,

der Dachs, der seine Frau besteigt —:

Sie wollen alle die beschämen,
die Worte nicht wortwörtlich nehmen.

Nur Mut

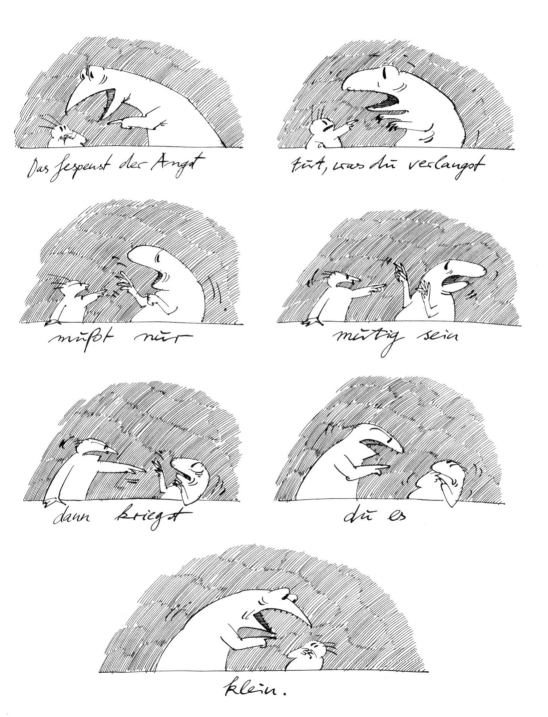

Tod oder Leben

Vor dem Fest

Mitte des Lebens

Materialien zu einer Kritik des Männlichkeitswahns

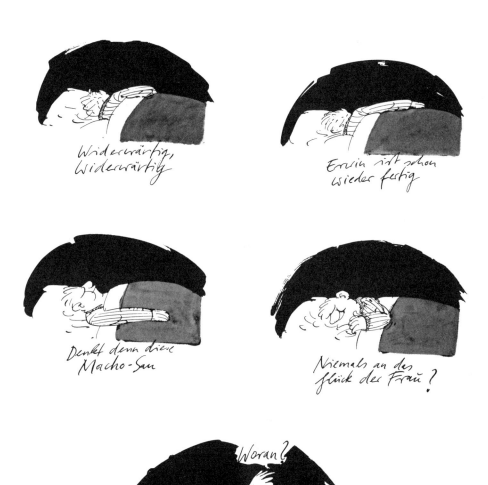

Reisefieber

Seht nur: Hümpel Einunddreißig   ist so gut wie reisefertig.

muß nur   noch den   Koffer heben:

So verreist der nie im Leben!

Von Papst zu Papst

Traurige Folgen des Reimzwanges

Als der Hund den Wichtel biß

kam – zufällig? – sein Bruder Chris.

Ich und der Leser

Das Kunststück

118

Einfach beschämend

Was weiß ich denn
vom Stachelschwein?
So gut wie alles:
Es ist ein
<u>erstaunlich</u>
stachelreiches Tier.
Jedoch:
Was weiß dies Tier von mir?
Danach befragt
schweigt's erst,
dann spricht's:

Vom Bernhardt?
Tscha — so gut
wie nichts!

Nee — wirklich!

Oder war
da doch
was?

Hm...

Joh fürchte,
nein.
Sorry!

ZZZZZZZZZZZ....

Im Norden

Die Fehler

Der entlarvte Hahn

Mit dem ersten Hahnenschrei

ging das Huhn zur Polizei,
und es zeigte seinen Mann

wegen Penetrierens an.

Maskenmenschen

Wir haben alle Masken auf

maskiert gehn wir durchs Leben

zu wissen, was dahinter steckt

ist einzig Gott gegeben.

Ende einer Spielzeit

Komödiantenschicksal

Inhalt

- 5 Geständnis
- 6 Neulich im Biergarten
- 7 Kurt im Bild
  Zwei Zeichnungen zu einem
  Zweizeiler von Schwitters
- 8 Beim Staatsempfang
- 9 Der unwürdige Radscha
- 10 Abendprogramm
- 11 Da da da
- 12 Frage und Antwort
- 13 Ein Arztbesuch
- 14 Welt der Frau
- 15 Chines und Has – ein Vergleich
- 16 Jeden Herbst dasselbe
- 17 Das Buch der Bücher
- 18 Bella Toscana
- 19 Home, sweet home
- 20 Dichters Leid und Lust
- 21 Der Herr der Fliegen
- 22 Affentheater
- 23 Die Erscheinung
- 24 Arschgesichter-Konferenz
- 26 Seine Suppe
- 27 Stirb und werde
- 28 Warnung an alle
- 29 Waschbärs Ende
- 30 Feuer und Flamme
- 31 Ist doch wahr!
- 32 Starkes Stück
- 33 Es ist ein Maus entsprungen
- 34 Das Schweigen
- 35 Balin, Balin
- 36 So kann es gehen
- 37 Herr!
- 38 Bitte um Verständnis
- 39 Volksmund
- 40 Mann, oh Mann!
- 41 Aber Herr Hefel!
- 42 Ahnung und Gegenwart
- 43 Rezensentenschelte
- 44 Die Trinker
  Versuch einer Typologie
- 46 Mopsens Machtwort
- 47 Nein, diese Knechte!
- 48 Grenzen der Kunst
- 49 Alles über Herrn Hefel
- 50 Lied ohne Worte
  San Francesco predigt
  dem Wolf von Gubbio
- 51 Toi toi toi
- 52 Frommer Wunsch
- 53 Ein Ratschlag
- 54 Was ist der Mensch?
- 55 Wie das berühmte Raupenbild entstand
- 56 Reim und Wirklichkeit
- 57 Franz im Pech
- 58 Weisheit des Westens
- 59 Die erste Dienerin ihres Volkes
- 60 Fürs Poesiealbum
- 61 Null Null Siebens letzter Auftrag
- 62 Der Werwolf
- 63 Bei Betrachtung eines
  Vandalenlagers
- 64 Strandbegegnung
- 65 Schweinchens Problem

66 Hokuspokus
67 Ein Mißverständnis
68 Na bitte!
69 Der Ernst des Lebens
70 Peinlich, peinlich, Herr Direktor!
71 Den Vereinigten Staaten Bilder zu Versen von Johann Wolfgang Goethe
72 Im «Kachelstübchen» 22 Uhr 30 – eine Bestandsaufnahme
73 Nu ma ehrlich!
74 Memento mori
75 Immer dasselbe
76 Dämon Durst
78 Geschichte vom Strich
79 Katz und Maus
80 Die Vögel
81 Neujahrsballade
82 Die gelbe Gefahr
83 Die Katze und das All
84 Der Stein der Weisen
85 Toll!
86 Letzte Fragen
87 Ist doch wahr!
88 Er und wir
89 Alles über den Strich
90 Der Befehl
91 Leider nicht auf der Messe: dieses Buch
92 Beispiel Biber
93 Alles über das Leben
94 Herr Hefel persönlich
95 Polare Probleme

96 Heiner
97 Tiefsee-Distichon
98 Die Zeit
99 Casanova 85
100 Ach darum!
101 Magritte am Meer
102 Ein Männerleben
103 Ein peinlicher Vorfall bei der Dichter-Beutel-Lesung
104 Froschmann, wohin?
105 Conditio humana
106 Hefels Welt
107 Sucher auch sie
108 Kamerad Tier
109 Nur Mut
110 Tod oder Leben
111 Vor dem Fest
112 Mitte des Lebens
113 Materialien zu einer Kritik des Männlichkeitswahns
114 Reisefieber
115 Von Papst zu Papst
116 Traurige Folgen des Reimzwanges
117 Ich und der Leser
118 Das Kunststück
119 Einfach beschämend!
120 Im Norden
121 Die Fehler
122 Der entlarvte Hahn
123 Maskenmenschen
124 Ende einer Spielzeit
125 Komödiantenschicksal

ROBERT GERNHARDT IM HAFFMANS VERLAG

ICH ICH ICH
Roman

GLÜCK GLANZ RUHM
Erzählung Betrachtung Bericht

KATZENPOST
Kinderbuch mit Bildern von Almut Gernhardt

GERNHARDTS ERZÄHLUNGEN
Bildergeschichten

LETZTE ÖLUNG
Ausgesuchte Satiren

WAS BLEIBT
Gedanken zur deutschsprachigen Literatur

HIER SPRICHT DER DICHTER
Bildgedichte

SCHNUFFIS SÄMTLICHE ABENTEUER
Bildergeschichten

DIE TOSCANA-THERAPIE
Schauspiel

KIPPFIGUR
Erzählungen

ES GIBT KEIN RICHTIGES LEBEN IM VALSCHEN
Humoresken aus unseren Kreisen

KÖRPER IN CAFÉS
Gedichte

WAS GIBT'S DENN DA ZU LACHEN
Kritik der Komiker, Kritik der Kritiker, Kritik der Komik

INNEN UND AUSSEN
Bilder, Zeichnungen, Über Malerei

WÖRTERSEE
Gedichte

HÖRT, HÖRT!
Das WimS-Vorlesebuch (zusammen mit F.W. Bernstein)

GEDANKEN ZUM GEDICHT
Thesen zum Thema

OTTO – DER FILM/ DER NEUE FILM/ DER HEIMATFILM
Die vollständigen Drehbücher der Autoren (zusammen mit Bernd Eilert, Peter Knorr & Otto Waalkes)

LUG UND TRUG
Drei exemplarische Erzählungen

DIE FALLE
Eine Weihnachtsgeschichte

ÜBER ALLES
Ein Lese- und Bilderbuch

WEICHE ZIELE
Gedichte 1984-1994